D1747762

CONSENT!
Copyright © 2019

Illustraties & ontwerp: Rachel Kruk (racheltekent.nl)
Tekst: Baudy Wiechers (baudywiechers.nl)

Tekstredactie (NL): Eveline Broekhuizen (Elibro Tekst & Redactie)
Translation: Rachel Kruk (met dank aan o.a. Sandra Bakker)

ISBN: 9789082748055
NUR: 218

Niets uit deze uitgave mag worden verveelvoudigd, door middel van druk, fotokopieën, geautomatiseerde gegevensbestanden of op welke andere wijze ook zonder voorafgaande schriftelijke toestemming van de uitgever.
No part of this publication may be reproduced by printing, photocopying, automated data files or in any other way without the prior written permission of the publisher.

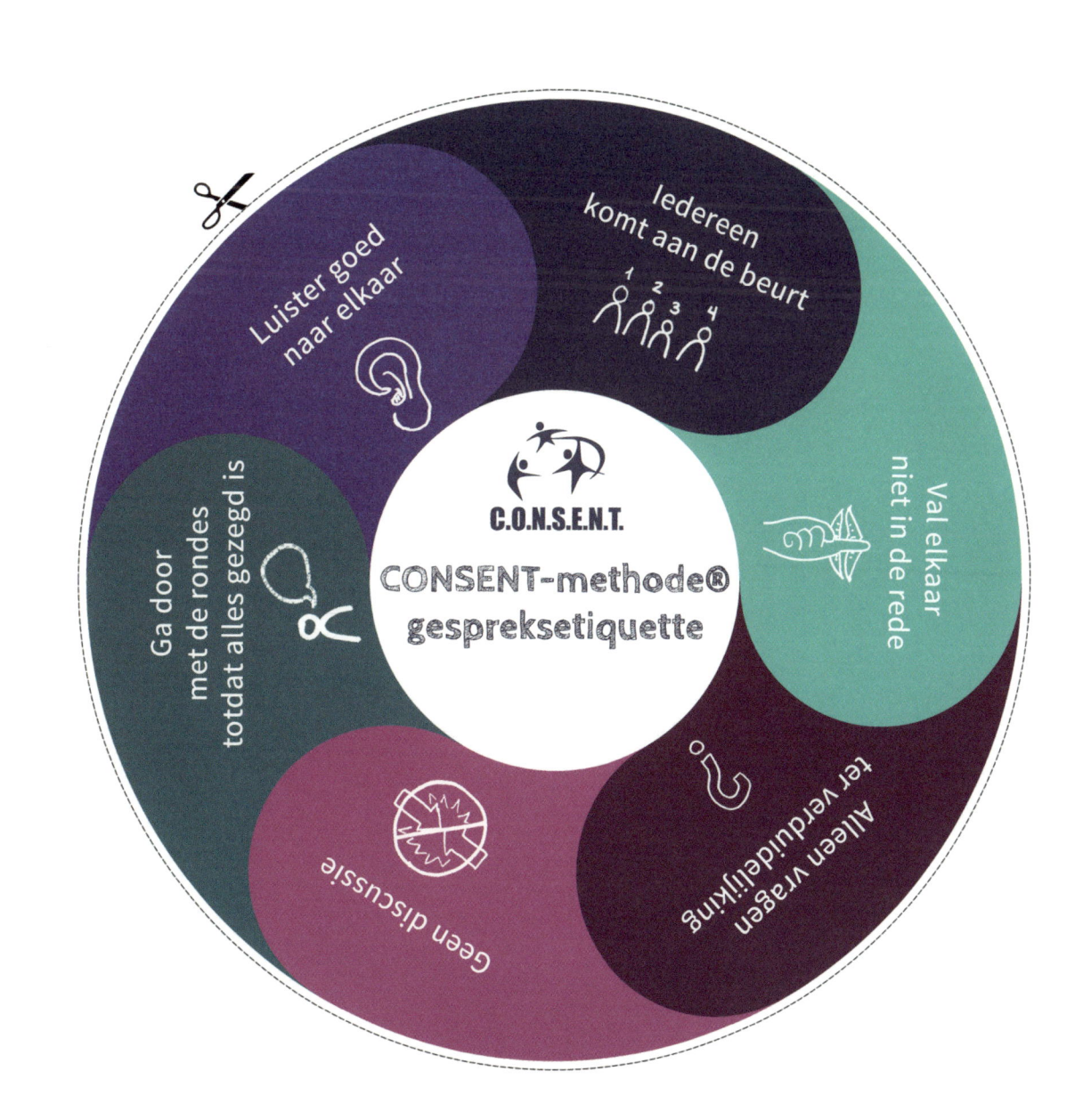

CONSENT-methode® gespreksetiquette

- Luister goed naar elkaar
- Iedereen komt aan de beurt
- Val elkaar niet in de rede
- Alleen vragen ter verduidelijking
- Geen discussie
- Ga door met de rondes totdat alles gezegd is

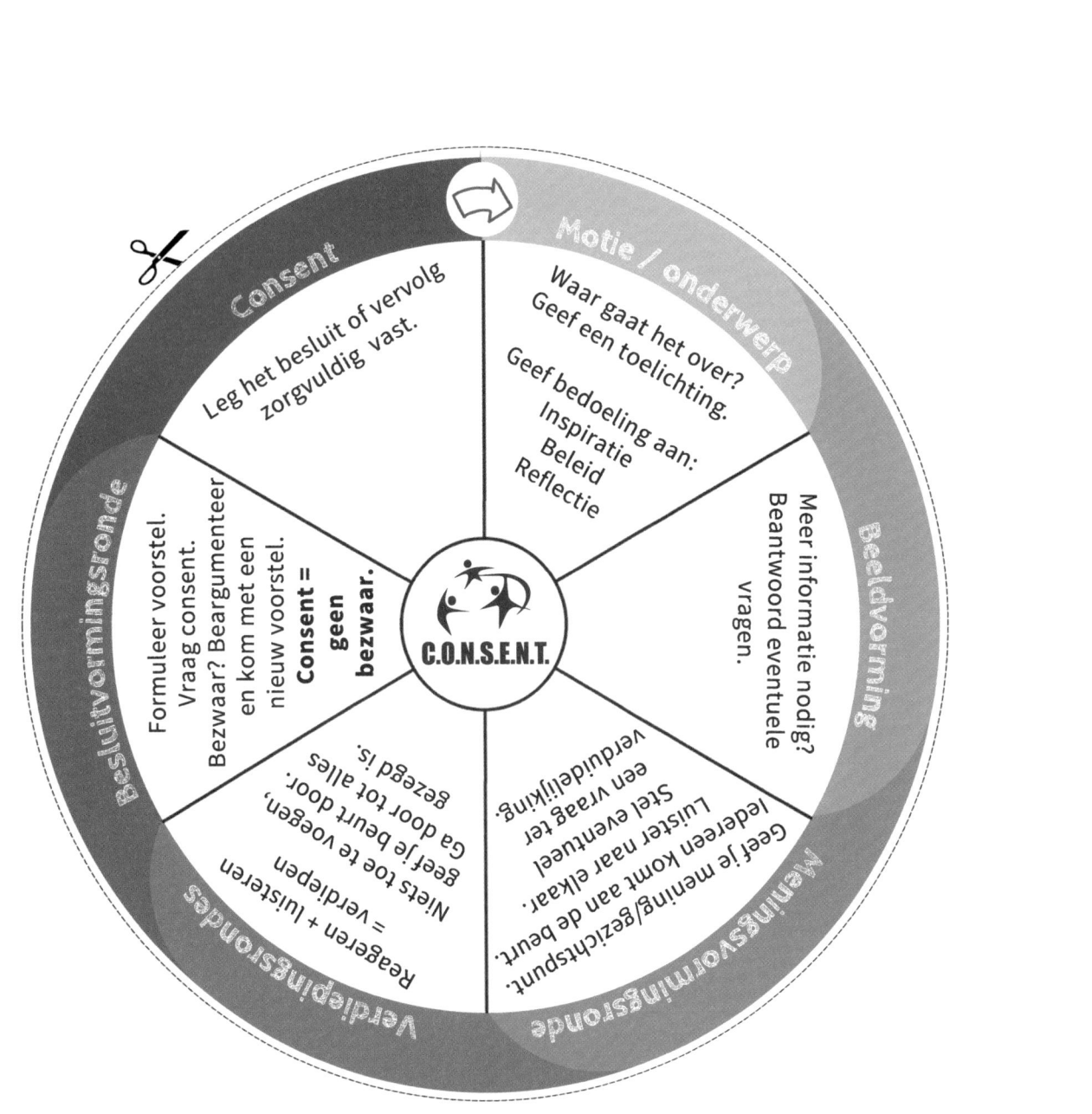

C.O.N.S.E.N.T.

Motie / onderwerp
Waar gaat het over? Geef een toelichting.
Geef bedoeling aan:
- Inspiratie
- Beleid
- Reflectie

Beeldvorming
Meer informatie nodig? Beantwoord eventuele vragen.

Meningsvormingsronde
Geef je mening/gezichtspunt. Iedereen komt aan de beurt. Luister naar elkaar. Stel eventueel een vraag ter verduidelijking.

Verdiepingsrondes
Reageren + luisteren = verdiepen. Niets toe te voegen, beef je beurt door. Ga door tot alles gezegd is.

Besluitvormingsronde
Formuleer voorstel. Vraag consent. Bezwaar? Beargumenteer en kom met een nieuw voorstel. **Consent = geen bezwaar.**

Consent
Leg het besluit of vervolg zorgvuldig vast.

CONSENT!

Een pakje voor ons samen. Wat zou erin zitten?

A package for all of us. What could be in it?

Ein Päckchen für uns alle. Was könnte darin sein?

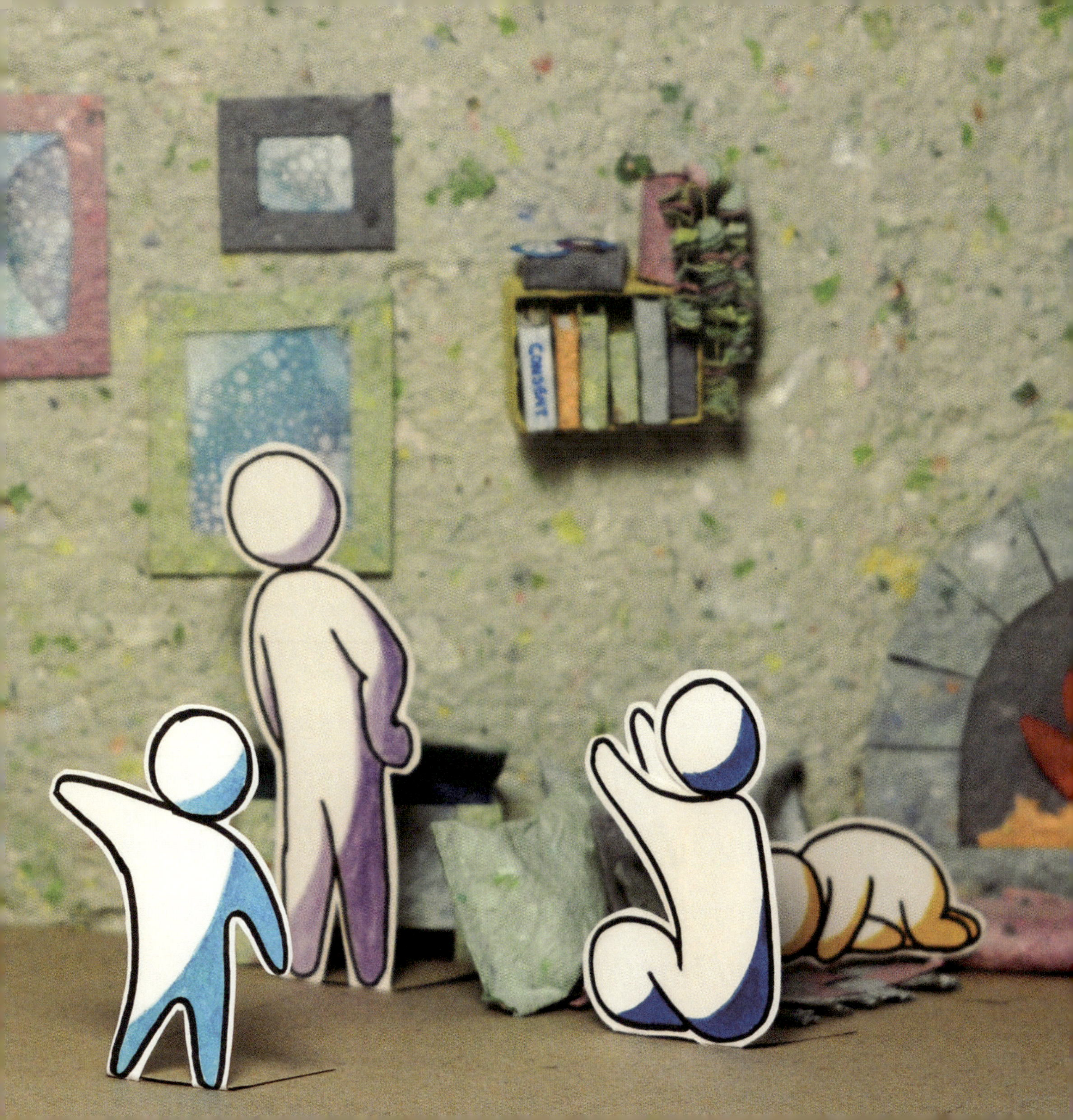
CONSENT

BEELDVORMING - IMAGING - RUNDE DER ERLÄUTERUNG

Papier, kleurtjes en een bolletje wol...

Paper, colours and a ball of wool...

Papier, Buntstifte und einen Wollknäuel...

Wat een leuk pakje, wat kunnen we er allemaal mee doen?

What a fun package, what can we do with it?

Das ist ein tolles Päckchen! Was können wir damit machen?

Oei, laten we samen een plan maken in een kring.

Oops, let's make a circle to make a plan together.

Hoppla, besser machen wir zusammen im Kreis einen Plan.

Dan is het handig om de Gespreksetiquette erbij te pakken.

Then it would be good to use our conversational etiquette!

Dann ist es gut um unsere Gesprächsetikette zu benutzen!

Even horen wat iedereen graag zou willen.

What would everyone like to do?

Erst einmal hören was alle möchten.

MENINGSVORMINGS RONDE - OPINION FORMING ROUND - RUNDE DER MEINUNGSBILDUNG

"Ik wil een dansfeestje vieren! Met vrolijke confetti."

"I want to have a dance party! With cheerful confetti."

"Ich möchte ein Tanzfest! Mit fröhlichem Konfetti."

"Ik hou van tekenen en wil graag tekeningen maken met heel veel kleuren."

"I love to draw and I would like to make very colourful drawings.

"Ich liebe es zu zeichnen und möchte bunte Zeichnungen machen.

Daar word ik blij van."

That makes me happy."

Das macht mich froh."

"Ik weet het nog niet.".

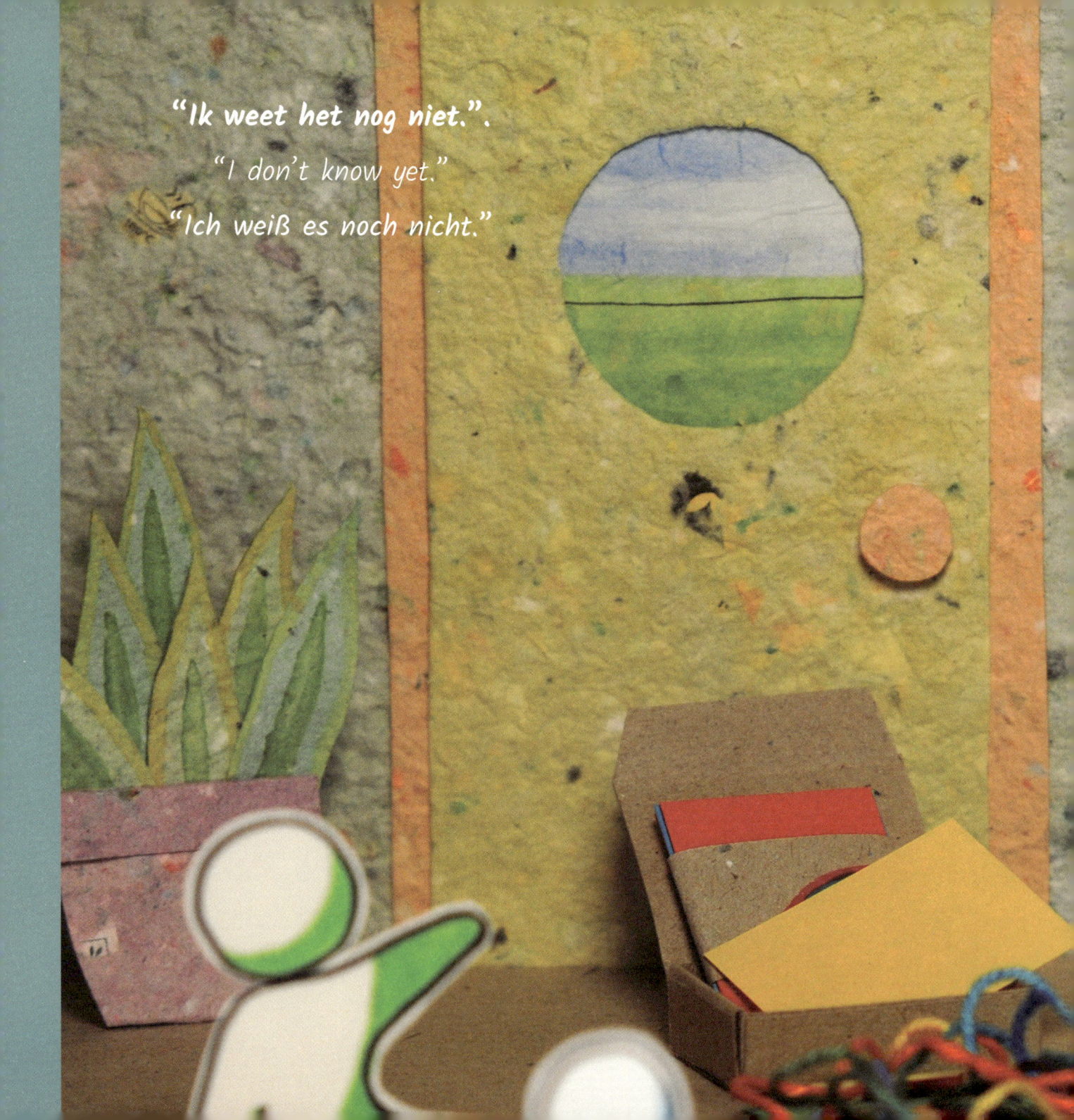

"I don't know yet."

"Ich weiß es noch nicht."

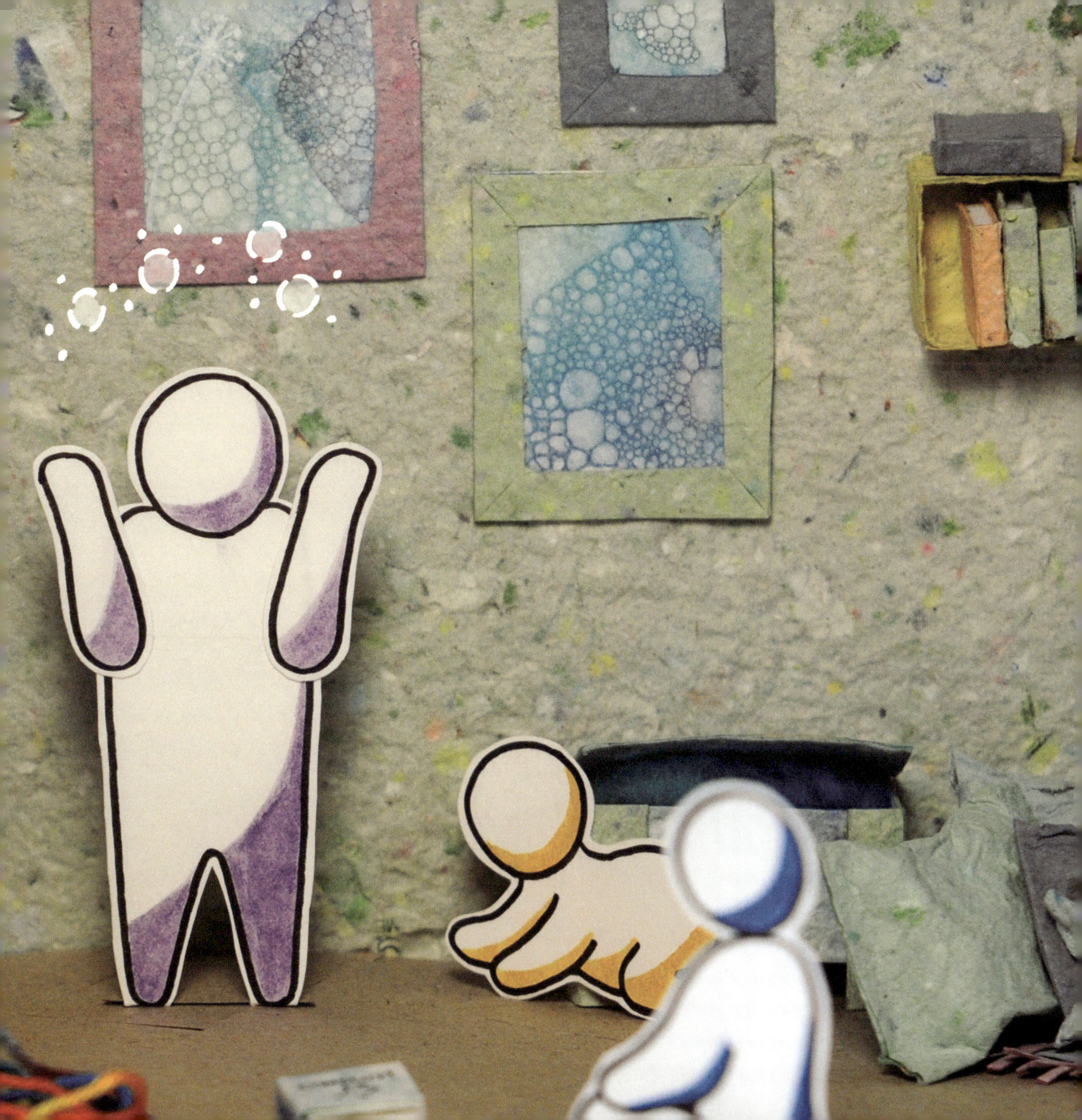

"Ik wil poppetjes knippen die hand in hand dansen.

"I would like to cut out figures that dance hand in hand.

"Ich würde gerne Figuren ausschneiden
die Hand in Hand tanzen.

Want dansende mensen hebben plezier!"

Because dancing people have fun."

Denn tanzende Menschen haben Freude."

VERDIEPINGSRONDES - IN-DEPTH ROUNDS - RUNDEN ZUM VERTIEFEN

Wat een leuke ideeën. Hoe kunnen we samenwerken?

What nice ideas. How can we work together?

Was für schöne Ideen. Wie können wir zusammenarbeiten?

"Een feestje met tekeningen, poppetjes en dansen?"

"A party with drawings, paper doll chains and dancing?"

"Ein Fest mit Zeichnungen, Faltgirlande und tanzen?"

"We kunnen samen een vlag maken met allemaal kleurtjes."

"Together we could make a banner with all sorts of colours."

"Wir könnten zusammen eine bunte Fahne machen."

"Ik wil graag een trein tekenen en ophangen."

"I would like to draw a train and hang it up."

"Ich möchte einen Zug zeichnen und aufhängen."

"We kunnen samen een slinger van dansende poppetjes maken."

"We could make a dancing people paper doll chain together."

"Wir könnten zusammen eine Faltgirlande mit tanzenden Menschen machen."

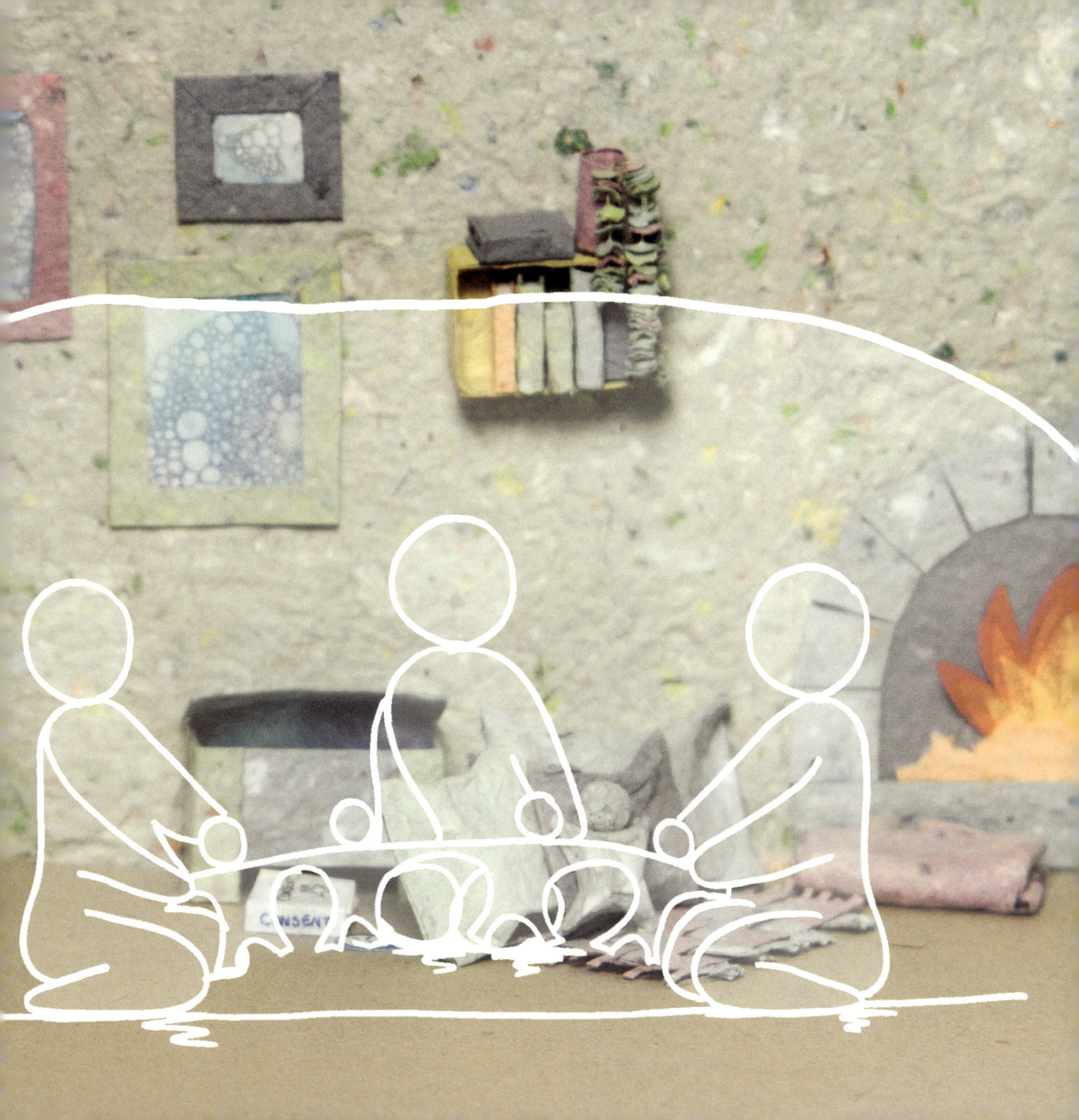
CONSENT

BESLUITVORMING - DECISION MAKING ROUND - RUNDE DER ENTSCHEIDUNG

"Wat gaan we nu samen afspreken?"

"Now, what are we going to decide?"

"Was entscheiden wir jetzt?"

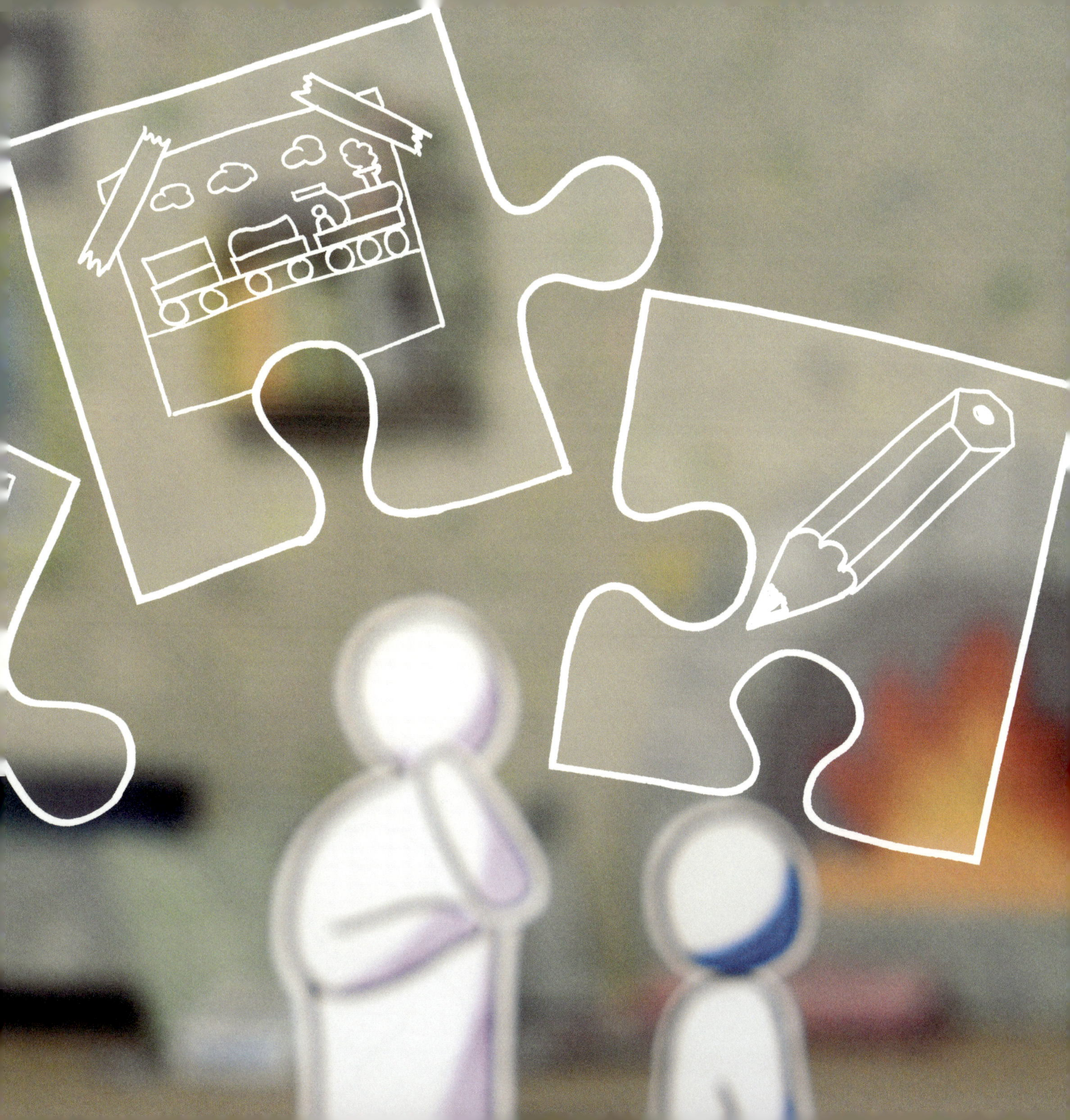

"Zullen we samen een trein maken
om de muur te versieren?"

"How about creating a train together
to decorate the wall?"

"Sollen wir zusammen einen Zug machen
und die Wand schmücken?"

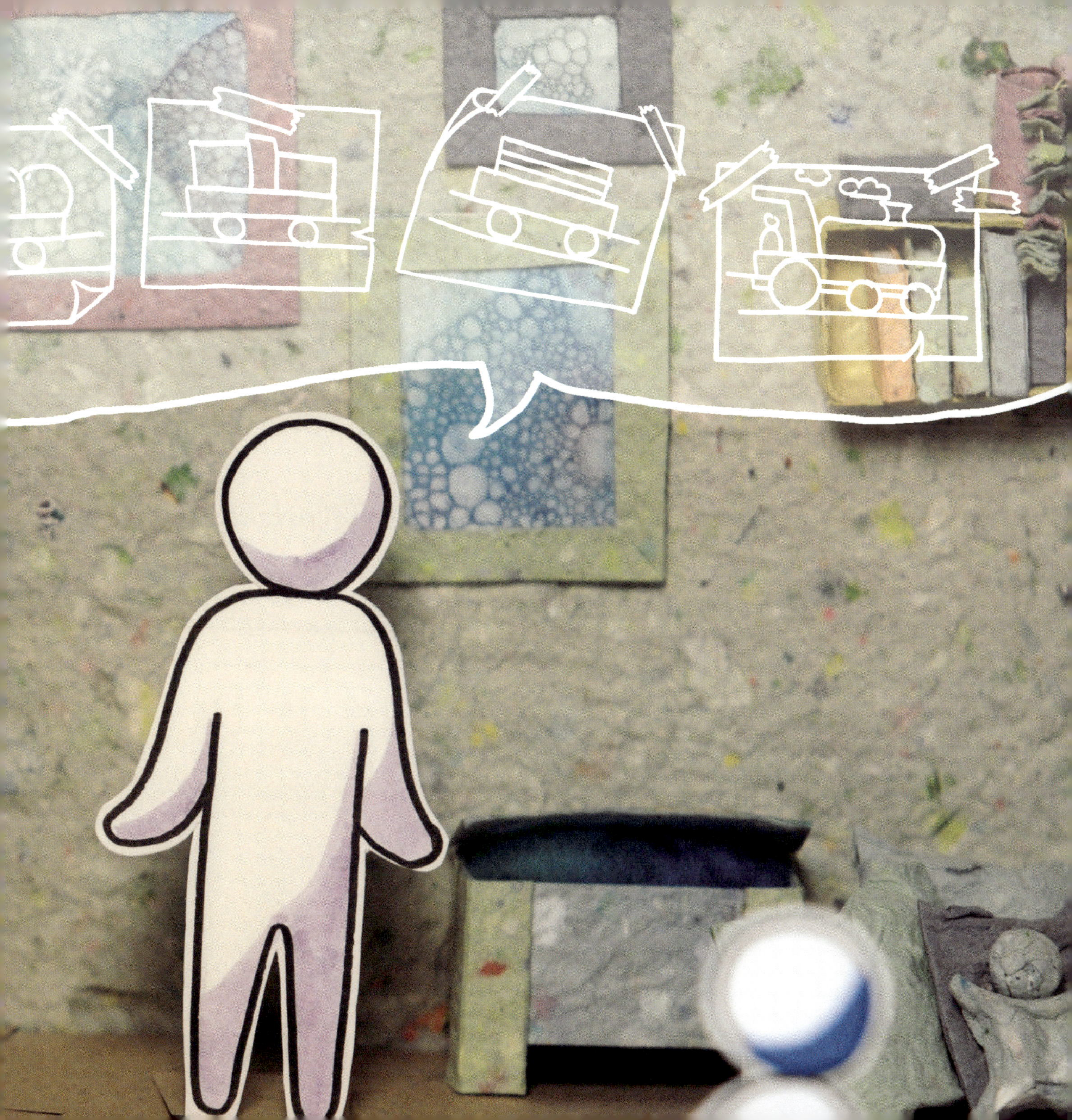

"Niet consent, want dan hebben we geen dansfeestje."

"I don't consent, that way we don't have a danceparty."

"Nicht consent, dann verpassen wir das Tanzfest."

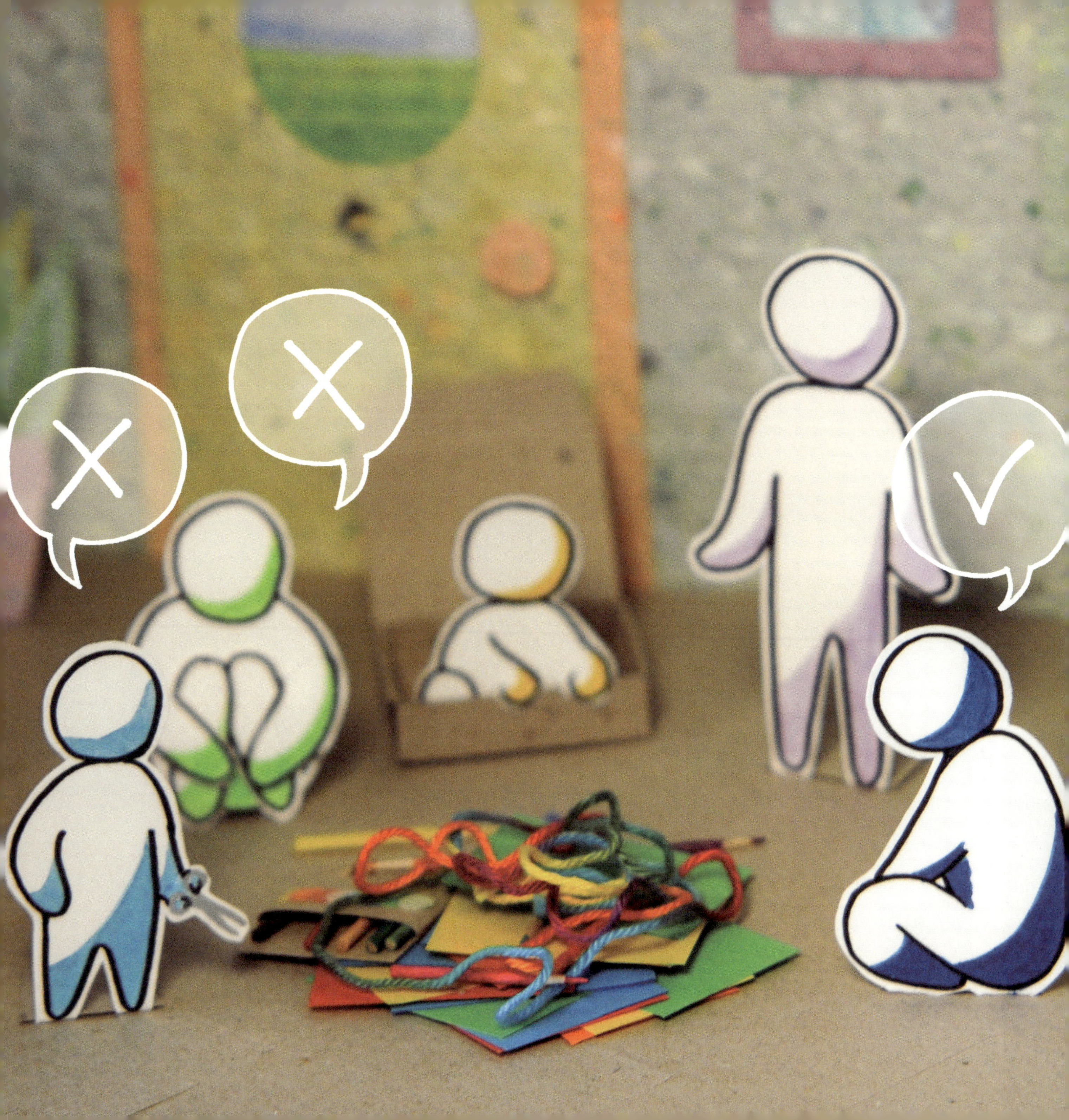

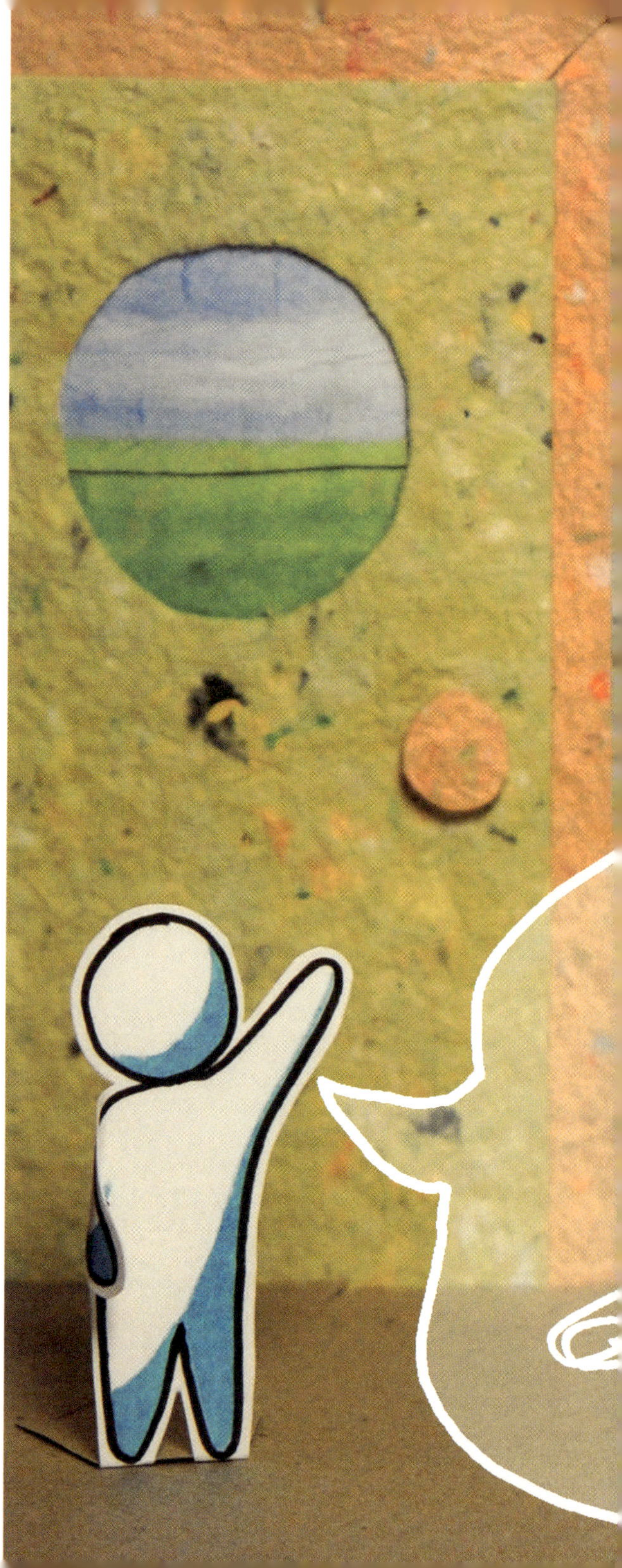

CONSENT

Consent!
Consent!
Consent!

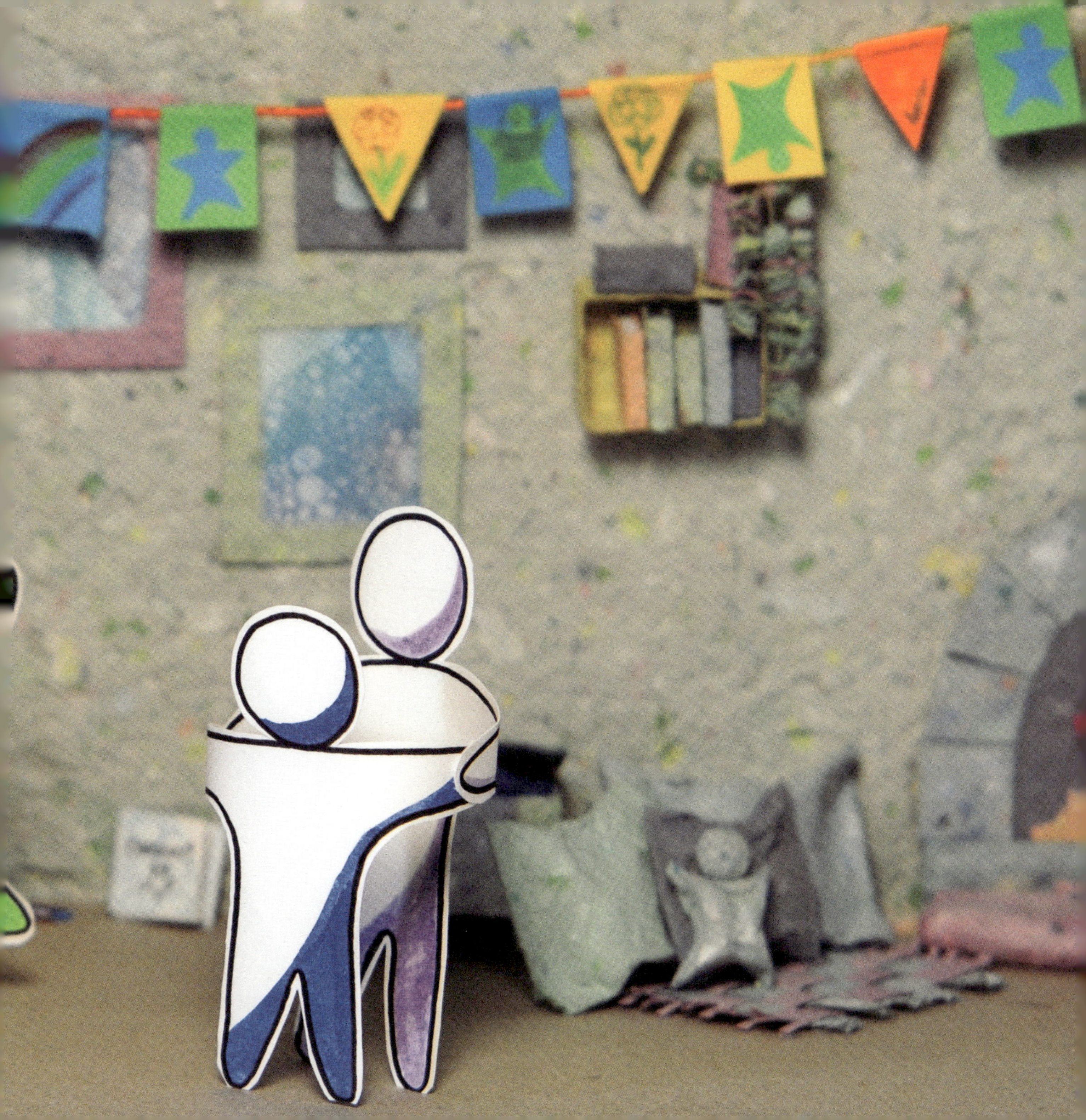

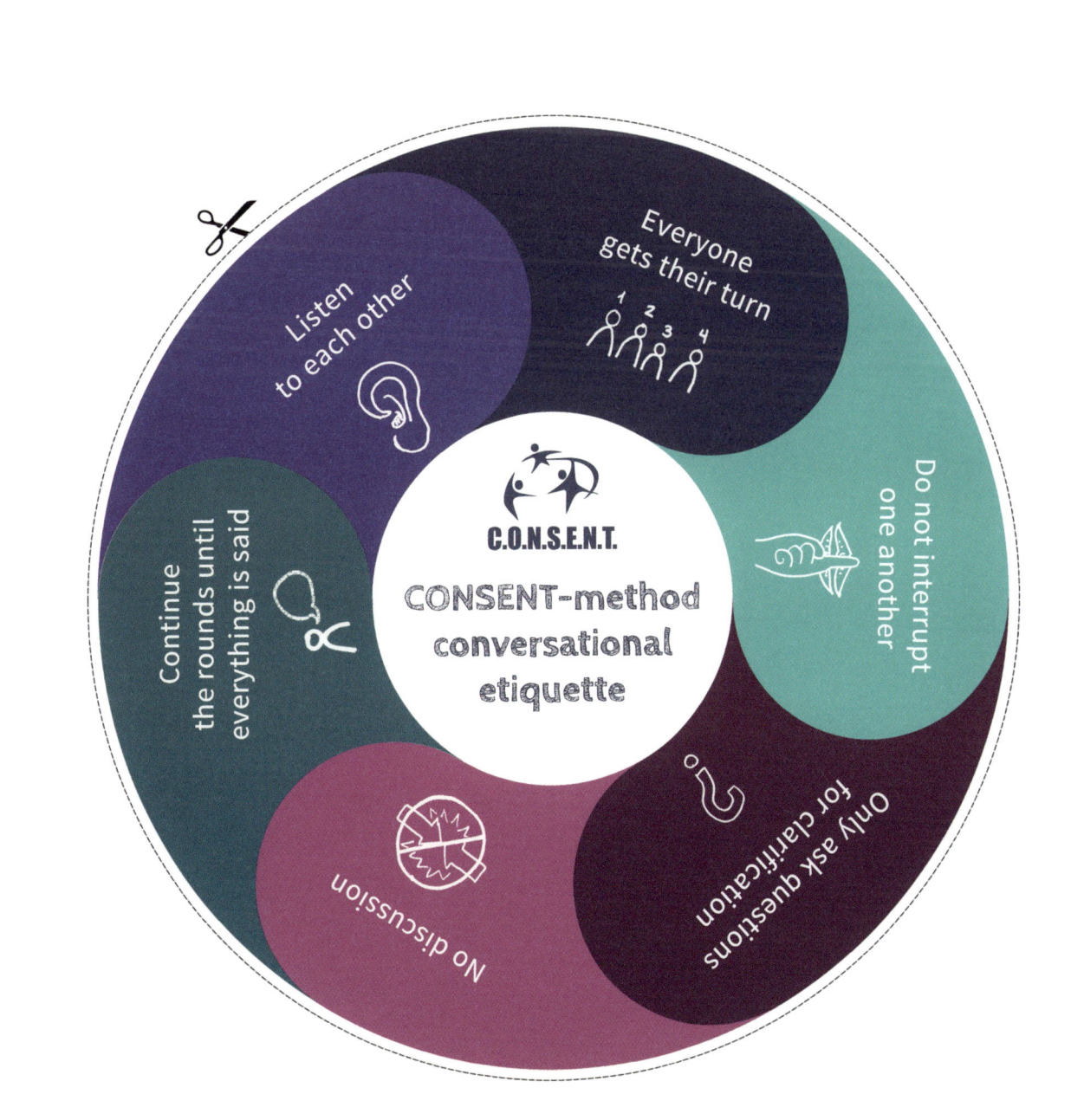

C.O.N.S.E.N.T.

CONSENT-method conversational etiquette

- Listen to each other
- Everyone gets their turn
- Do not interrupt one another
- Only ask questions for clarification
- No discussion
- Continue the rounds until everything is said

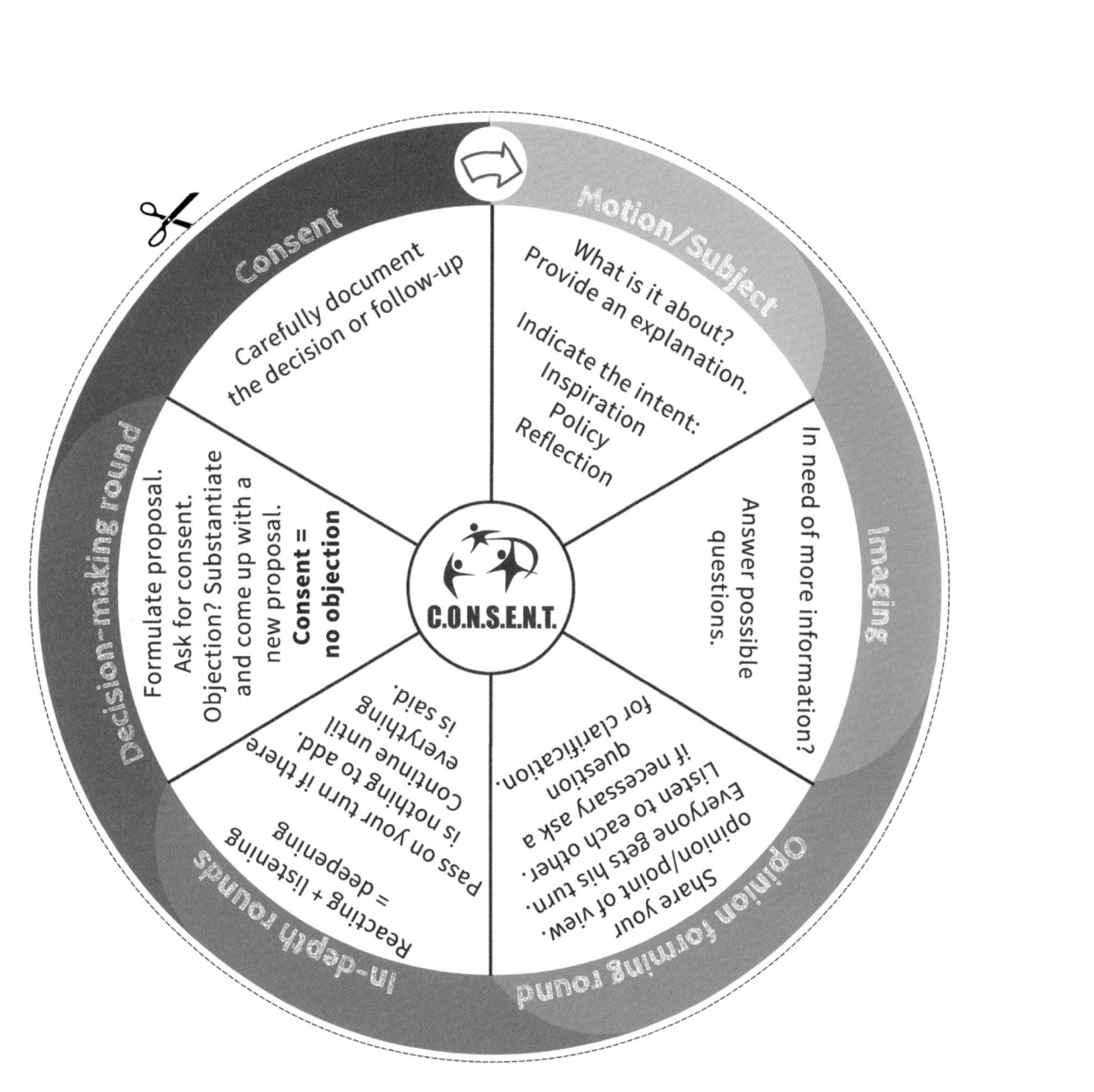

C.O.N.S.E.N.T.

Motion/Subject
What is it about? Provide an explanation.
Indicate the intent:
Inspiration
Policy
Reflection

Imaging
In need of more information?
Answer possible questions.

Opinion forming round
Share your opinion/point of view.
Everyone gets his turn.
Listen to each other. If necessary ask a question for clarification.

In-depth rounds
Reacting + listening = deepening
Pass on your turn if there is nothing to add.
Continue until everything is said.

Decision-making round
Formulate proposal.
Ask for consent.
Objection? Substantiate and come up with a new proposal.
Consent = no objection

Consent
Carefully document the decision or follow-up

CONSENT-methode® Gesprächsetikette

- Jeder komt an die Reihe
- Unterbreche einander nicht
- Nur Fragen zur Klärung
- Keine Diskussion
- Verfolge die Runden bis alles gesagt ist
- Höre genau zu

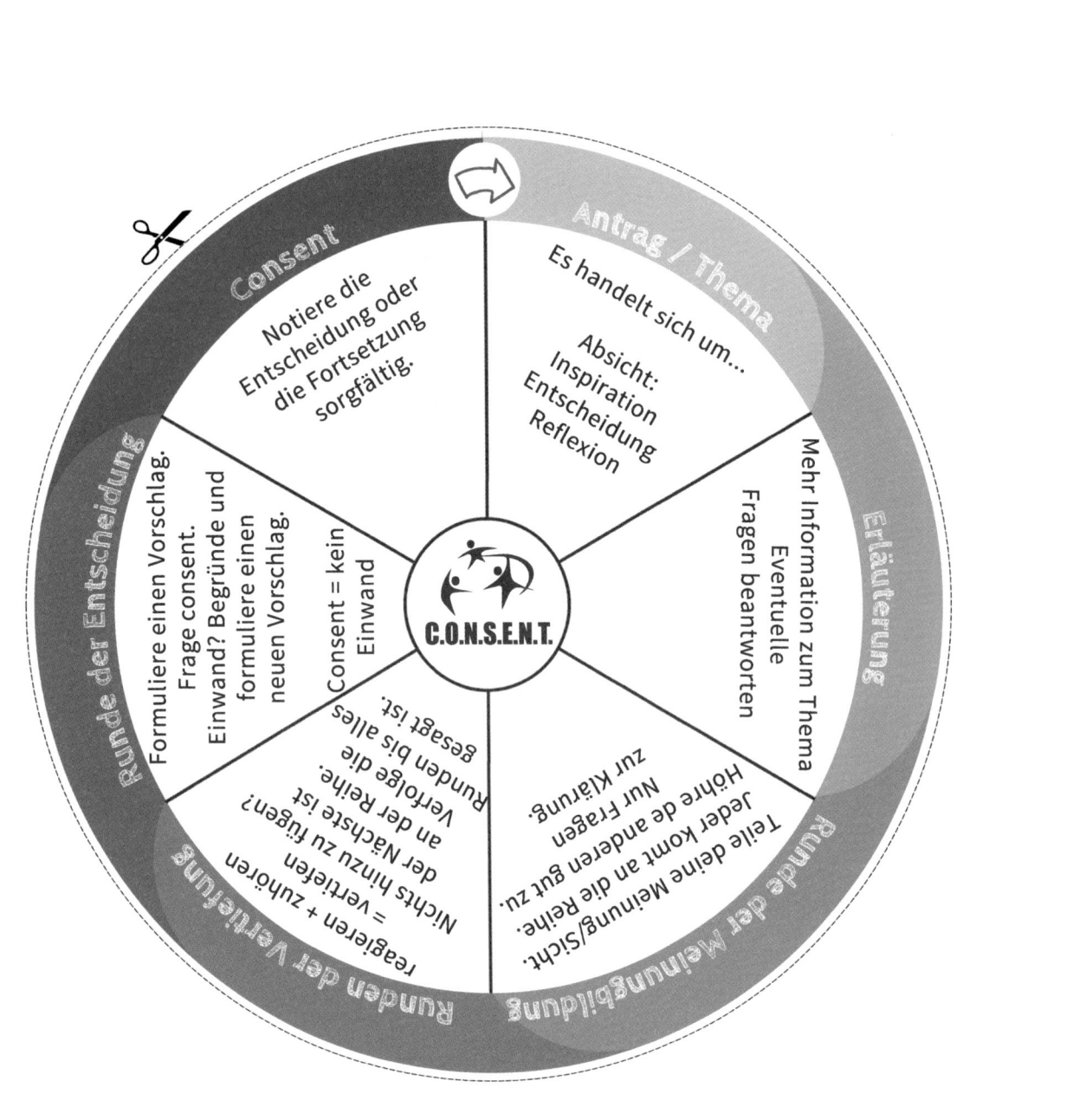

C.O.N.S.E.N.T.

Antrag / Thema
Es handelt sich um...
Absicht:
Inspiration
Entscheidung
Reflexion

Erläuterung
Mehr Information zum Thema
Eventuelle Fragen beantworten

Runde der Meinungsbildung
Teile deine Meinung/Sicht.
Jeder kommt an die Reihe.
Höre de anderen gut zu.
Nur Fragen zur Klärung.

Runden der Vertiefung
reagieren + zuhören
= vertiefen
Nichts hinzu zu fügen? der Nächste ist an der Reihe.
Verfolge die Runden bis alles gesagt ist.

Runde der Entscheidung
Formuliere einen Vorschlag.
Frage consent.
Einwand? Begründe und formuliere einen neuen Vorschlag.
Consent = kein Einwand

Consent
Notiere die Entscheidung oder die Fortsetzung sorgfältig.